WISSENSWERTES
ZUR BIBEL 5

BÜCHER, SO NÜTZLICH UND GUT ZU LESEN SIND

Die Apokryphen/
Deuterokanonischen Schriften
des Alten Testaments
von Hannelore Jahr

Deutsche Bibelgesellschaft
Katholisches Bibelwerk e.V.

Wissenswertes zur Bibel 5

herausgegeben von

Deutsche Bibelgesellschaft
Katholisches Bibelwerk e.V. Stuttgart
Österreichische Bibelgesellschaft
Österreichisches Katholisches Bibelwerk
Schweizerische Bibelgesellschaft
Schweizerisches Katholisches Bibelwerk

ISBN 3-438-06617-3

Aktualisierte Neuausgabe
Gestaltung und Satz: Schwarz Grafik & Satz, Stuttgart

Printed in Germany

A Die »Apokryphen« – was ist das?

Wer schon einmal die Lutherbibel und die katholische Einheitsübersetzung nebeneinander gelegt hat, wird bemerkt haben, dass es in der Reihenfolge der biblischen Bücher einige Unterschiede gibt. Es ist bekannt, dass der Reformator den Hebräer- und den Jakobusbrief im Neuen Testament von ihrem angestammten Platz in der lateinischen Bibel, wo sie hinter dem Philemonbrief standen, entfernte und sie vor dem Judasbrief und der Offenbarung des Johannes einfügte, womit er sie an den Schluss des Neuen Testaments »verbannte«. Der Grund dafür liegt in seiner Bewertung dieser Schriften, die seines Erachtens nicht von Aposteln stammen und auch inhaltlich von minderem Wert sind: So gilt z.B. sowohl für den Jakobusbrief, die »stroherne Epistel«, als auch für den Judasbrief in seinen Augen, dass sie nicht »Christum treiben«, d.h. die Lehre von der Erlösung »sola fide«, allein durch den Glauben, verkünden. Mit derselben Souveränität hat Luther auch in die Gestalt des alttestamentlichen Schriftkanons eingegriffen und eine Reihe von Büchern – eben die so genannten »Apokryphen« – von ihrem angestammten Platz in der griechischen bzw. lateinischen Bibel entfernt, um sie in einem gesonderten Teil vor dem Neuen Testament zusammenzufassen. Natürlich hatte er auch dafür gute Gründe. Die Bücher, die er in dem Apokryphenteil zusammenstellte, sind Schriften, die nur in der griechischen bzw. lateinischen Fassung des Alten Testaments, nicht aber in der hebräischen enthalten sind. Wie kommt es zu diesem Unterschied zwischen dem hebräischen und dem griechischen (lateinischen) Kanon?

Die Zeit, in die die Entstehung des Christentums fällt, war in religiöser Hinsicht eine sehr bewegte Epoche. Seit den Feldzügen Alexanders des Großen beherrschte die griechische Kultur den Mittelmeerraum und prägte mit ihrer Philosophie und Religion das gesamte kulturelle Leben. In einem Klima großer Aufgeschlossenheit und religiöser Toleranz drangen Elemente aus den Religionen der von Alexander unterworfenen Gebiete überall in den hellenistischen Kulturraum vor. Dort vermischten sie sich mit den bodenständigen Religionen und ließen auf diese Weise eine Vielzahl neuer Kulturen entstehen. Zu ihnen gehören die Mysterienreligionen oder religiös-phi-

Alexander der Große, König von Makedonien, regierte seit 336 v. Chr. und brachte durch seine Feldzüge die griechische Kultur bis weit nach Osten. Nach seinem Tod 323 v. Chr. zerfiel sein Weltreich.

losophische Lehrsysteme wie die verschiedenen Strömungen der Gnosis.

Weil diese synkretistischen Kulte auch in das Judentum einzudringen drohten, wurde dieser religiöse Pluralismus hier zu einer unmittelbaren Gefahr. Dies galt schon in der Zeit, als es noch einen eigenen jüdischen Staat gab; und dies galt umso mehr, nachdem das Judentum durch den Jüdischen Krieg (66–70 n.Chr.) nicht nur seine staatliche Existenz, sondern mit Jerusalem vor allem auch sein kultisches Zentrum und seine eigene Obrigkeit in Gestalt des Synhedrions (des »Hohen Rats«) verloren hatte. Die Bewahrung der eigenen Tradition und vor allem die Sicherung der Grundlage des Glaubens in Gestalt der heiligen Schriften war in dieser Situation lebensnotwendig – zumal sich das Judentum inzwischen auch mit dem Christentum konfrontiert sah.

In Jamnia (Jabne), südlich von Joppe (Jaffa), konstituierte sich ein Rat der 72 Ältesten. Er war ein Ersatz für das Synhedrion und stand unter entscheidendem Einfluss des Pharisäismus. Hier wurde etwa zwischen 90 und 100 n.Chr. der endgültige Umfang (Kanon) der jüdischen heiligen Schriften fixiert. Dies war auch deshalb notwendig, weil es im Judentum neben den bereits zur Zeit von Jesus Sirach (um 190 v.Chr.) abgeschlossenen Sammlungen des »Gesetzes« und der »Propheten« eine breite religiöse Literatur gab, die ohne feste Abgrenzung als heilige Schriften zirkulierte.

Die Bücher, die endgültig zum Kanon der heiligen Schriften gezählt wurden, waren alle in hebräischer Sprache überliefert. Ihre Zählung variiert, da verschiedene Bücher (z.B. die beiden Samuel-, Könige- und Chronikbücher, Richter und Rut, Jeremia und Klagelieder oder die zwölf kleinen Propheten) jeweils als ein Buch gezählt werden konnten. Häufig wird ihre Zahl allerdings mit 22 Schriften angegeben, entsprechend der Anzahl von Buchstaben des hebräischen Alphabets.

Die damit getroffene Festlegung unterschied sich in ihrem Umfang von einer anderen Überlieferung, die zu jener Zeit schon fast »kanonische« Bedeutung erlangt hatte: der griechischen Übersetzung des Alten Testaments. Sie geht auf die griechisch sprechende jüdische Diasporagemeinde von Alexandria zurück, die schon 300 Jahre zuvor damit begonnen hatte, eine eigene Übersetzung der heiligen Schriften anzufer-

Die Altstadt von Jaffa heute

tigen. Diese Übersetzung wird nach ihrem vollständigen Titel »Übersetzung nach den siebzig (Ältesten)« kurz »Septuaginta« (lateinisch: siebzig) genannt. Der Name spielt auf die Entstehungslegende an, nach der auf Geheiß des ägyptischen Königs Ptolemäus II. (285–247 v.Chr.) 72 jüdische Älteste (sechs von jedem Stamm) auf der Insel Pharos eine Übersetzung der fünf Bücher Mose angefertigt hätten, die für die berühmte Bibliothek von Alexandria bestimmt war. In Wirklichkeit ist die Septuaginta in einem längeren Zeitraum entstanden und umfasst die im Judentum anerkannten religiösen Schriften, einschließlich einer Reihe von weiteren Schriften, eben der später so genannten Apokryphen.

Die Septuaginta war auch die Bibel des Urchristentums; sie bildete die Grundlage der ersten Bibelübersetzungen ins Lateinische, durch deren Vermittlung sie auch die maßgebliche lateinische Bibel des Mittelalters, die Vulgata, prägte. Die Kanonsfestlegung des Judentums warf daher für die christliche Kirche die Frage nach dem Stellenwert der Apokryphen auf. Bevor diese Frage weiter verfolgt wird, sollen hier jedoch zunächst die Schriften vorgestellt werden, die man unter der Sammelbezeichnung »Apokryphen« zusammenfasst. Zum Begriff »Apokryphen« bzw. zu den für diese Schriften ebenfalls gebräuchlichen Termini »Deuterokanonische Schriften« und »Spätschriften des Alten Testaments« siehe Seite 26.

B Übersicht über die einzelnen Bücher

In der christlichen Tradition teilt man die Schriften des Alten Testaments ein in Geschichtsbücher, Lehrbücher (Bücher in dichterischer Form) und Prophetenbücher. Alle drei Gruppen enthalten in der Septuaginta bzw. Vulgata Schriften, die zu den Apokryphen zählen. Zu den Geschichtsbüchern gehören Tobit (Tobias), Judit, die Zusätze (Stücke) zum Buch Ester und die beiden Makkabäerbücher. Bei den Lehrbüchern sind Weisheit und Jesus Sirach eingeordnet. Zu den prophetischen Büchern zählen Baruch, der Brief Jeremias und die Zusätze (Stücke) zum Buch Daniel. Dazu kommt noch das Gebet Manasses, das formal zur Psalmendichtung gehört und innerhalb der Apokryphen eine gewisse Sonderstellung einnimmt (dazu später mehr). In den katholischen Bibelübersetzungen sind diese Bücher (mit Ausnahme des Gebets Manasses) im Anschluss an die jeweilige Gruppe im Alten Testament eingeordnet bzw. die Zusätze direkt mit den entsprechenden Büchern des hebräischen Kanons verbunden.

Martin Luther hat bei der Zusammenstellung in einen eigenen Apokryphenteil zugleich die traditionelle Anordnung verändert: Da er das Buch Judit als ein »Exempel« für den lehrhaften Inhalt der Weisheit und das Buch Tobit als ein »Exempel« der Lehren des Jesus Sirach betrachtet, ordnet er diese Bücher einander zu, hält dabei aber an der traditionellen Anordnung insofern fest, als die

Weisheit dem Buch Jesus Sirach vorausgeht und das jeweilige »Exempel« aus den geschichtlichen Büchern davor gesetzt wird. So ergibt sich bei ihm die Anordnung: Judit, Weisheit, Tobit (Tobias), Jesus Sirach. Es folgt aus den prophetischen Schriften das Buch Baruch mit dem Brief Jeremias als 6. Kapitel. Daran schließen sich die beiden Makkabäerbücher und die Stücke zu Ester und Daniel und zuletzt das Gebet Manasses an.

In neueren interkonfessionellen Bibelübersetzungen, wie z.B. der Gute Nachricht Bibel, werden die Apokryphen, einer Vereinbarung zwischen dem Weltbund der Bibelgesellschaften und dem römisch-katholischen Sekretariat für die Einheit der Christen folgend, in der traditionellen Reihenfolge (geschichtliche, dichterische und prophetische Bücher) in einem gesonderten Teil zwischen dem Alten und Neuen Testament eingebunden.

LUTHERBIBEL	EINHEITSÜBERSETZUNG	GUTE NACHRICHT BIBEL
Geschichtsbücher		
1.–5. Mose	Genesis – Deuteronomium	1–5 Mose (Gen – Dtn)
Josua	Josua	Josua
Richter	Richter	Richer
Rut	Rut	Rut
1.–2. Samuel	1–2 Samuel	1–2 Samuel
1.–2. Könige	1–2 Könige	1–2 Könige
1.–2. Chronik	1–2 Chronik	1–2 Chronik
Esra	Esra	Esra
Nehemia	Nehemia	Nehemia
	Tobit	
	Judit	
Ester	Ester	Ester
	1–2 Makkabäer	
Lehrbücher		
Hiob	Ijob	Ijob (Hiob, Job)
Psalter	Psalmen	Psalmen
Sprüche	Sprichwörter	Sprichwörter
Prediger	Kohelet	Kohelet (Prediger)
Hoheslied	Hoheslied	Hoheslied
	Weisheit	
	Sirach	
Prophetenbücher		
Jesaja	Jesaja	Jesaja
Jeremia	Jeremia	Jeremia
Klagelieder	Klagelieder	Klagelieder
	Baruch	
Hesekiel (Ezechiel)	Ezechiel	Ezechiël (Hesekiël)
Daniel	Daniel	Daniel

LUTHERBIBEL	EINHEITSÜBERSETZUNG	GUTE NACHRICHT BIBEL
Hosea	Hosea	Hosea
Joel	Joël	Joël
Amos	Amos	Amos
Obadja	Obadja	Obadja
Jona	Jona	Jona
Micha	Micha	Micha
Nahum	Nahum	Nahum
Habakuk	Habakuk	Habakuk
Zefanja	Zefanja	Zefanja
Haggai	Haggai	Haggai
Sacharja	Sacharja	Sacharja
Maleachi	Maleachi	Maleachi
Apokryphen		**Spätschriften**
Judit		Tobit
Weisheit		Judit
Tobit		Ester (griechische Fassung)
Sirach		1–2 Makkabäer
Baruch		Weisheit
1.–2. Makkabäer		Jesus Sirach
Stücke zu Ester		Baruch
Stücke zu Daniel		Brief Jeremias
Gebet Manasses		Zusätze zum Buch Daniel
		Anhang: Gebet Manasses

In den verschiedenen Bibelausgaben weicht jedoch nicht nur die Anordnung der Apokryphen, sondern auch die Kapitel- und Verszählung teilweise stark voneinander ab. Das erklärt sich daraus, dass für die verschiedenen Übersetzungen mitunter verschiedene Textfassungen zugrunde gelegt wurden (dazu mehr bei den einzelnen Schriften). In diesem Heft sind die Zitate, wenn nicht anders angegeben, nach der Lutherbibel angeführt. Um das Auffinden zu erleichtern, ist an manchen Stellen auch die unterschiedliche Zählung angegeben, dabei bedeutet »L« Lutherbibel, »E« Einheitsübersetzung und »GNB« Gute Nachricht Bibel.

Im Folgenden sollen nun zuerst die geschichtlichen, dann die dichterischen und zuletzt die prophetischen Bücher der Apokryphen im Einzelnen vorgestellt werden.

I. Geschichtliche Bücher

1. Das Buch Tobit (Tobias)

»Ein recht schönes, heilsames, nützliches Gedicht und Spiel eines geistreichen Poeten«, das »eine feine, liebliche, gottselige Komödie« gibt – das ist Luthers Urteil über die Erzählung des Buches Tobit (so die griechische Form des Namens, wie sie auch von den ökumenischen »Loccumer Richtlinien« festgelegt wurde; weit verbreitet ist jedoch auch die Namensform »Tobias«, die in der Vulgata verwendet wird und die Luther übernommen hat).

Unter Salmanassar V. (726–722 v. Chr.) wird der fromme und gesetzestreue Israelit Tobit mit seiner Frau Hanna und seinem Sohn Tobias nach Ninive deportiert. Dort kommt er als Einkäufer des Königs zu Ansehen, muss jedoch unter Sanherib (704–681) fliehen, weil er Juden begräbt, die auf Befehl des Königs hingerichtet worden waren. Auf Fürsprache seines Neffen Achikar darf er unter Asarhaddon (680–669) nach Ninive zurückkehren; er hört jedoch nicht auf, seine Glaubensgenossen zu bestatten. Als er wieder einmal von einer solchen heimlichen Bestattung nach Hause kommt und sich erschöpft an der Hofmauer schlafen legt, fällt ihm Vogelkot in die Augen, sodass er erblindet.

Asarhaddon, seit 680 v. Chr. König der Assyrer. In der Zeit seiner Regierung spielt die Erzählung von Tobit (Tobit 1,21–2,1 GNB/Tobit 1,21-22 E).

Seine Frau Hanna muss jetzt durch Webarbeiten für den Lebensunterhalt sorgen. Eines Tages bringt sie ein Ziegenböckchen mit nach Hause, das sie geschenkt bekommen hat. Tobit beschuldigt sie, das Böckchen gestohlen zu haben. Daraufhin wirft sie ihm vor, dass er sie ins Unglück gebracht habe und seine ganze, angeblich so gottesfürchtige Existenz ihm nichts einbringe. Da wendet sich Tobit im Gebet an Gott und bittet ihn, ihm zu helfen oder ihn sterben zu lassen (1,1–3,6).

Zur selben Zeit betet in der medischen Stadt Ekbatana ein junges Mädchen zu Gott: Sara, die Tochter Raguëls, der ein Vetter Tobits ist. Siebenmal hat ihr der Dämon Aschmodai in der Hochzeitsnacht den Mann getötet. Wie Tobit will auch sie lieber sterben, als mit dieser Schande weiterleben. Gott erhört das Gebet der beiden frommen Menschen und schickt den Engel Rafaël, um ihnen zu helfen (3,7-17 E/GNB; 3,7-25 L).

Tobit, der in guten Tagen eine größere Geldsumme bei einem Freund in der medischen Stadt Rages hinterlegt hat, schickt seinen Sohn Tobias dorthin, um das Geld abzuholen. Der Engel Rafaël geht unerkannt als Reisebegleiter mit. Am Ufer des Tigris fängt Tobias einen riesigen Fisch und behält auf Rafaëls Rat hin Herz, Leber und Galle als Heilmittel (4,1–6,9 E/GNB; 4,1–6,10 L). In Ekbatana kehrt Tobias bei seinem Verwandten Raguël ein und bittet ihn – wiederum auf Anraten Rafaëls – um die Hand seiner Tochter. Der Ehevertrag wird aufgesetzt und Tobias ins Brautgemach geführt. Wie Rafaël ihm empfohlen hat, verbrennt Tobias Herz und Leber des Fischs, wodurch der Dämon vertrieben wird (6,10–8,21 E/GNB; 6,11–8,23 L). Während Tobias bei Raguël bleibt, holt Rafaël das Geld aus Rages.

Unterdessen machen sich Tobit und Hanna große Sorgen um ihren Sohn.

Tobias und Sara am Morgen nach der Hochzeitsnacht
(Tobit 8,10-14 GNB/E; 8,11-15 L)

Nach der Rückkehr Rafaëls kehrt Tobias jedoch wohlbehalten nach Ninive zurück. Dort heilt er seinen blinden Vater, indem er ihm die Galle des Fischs auf die Augen streicht. Als bald darauf Sara eintrifft, wird ein fröhliches Fest gefeiert (9-11). Als Tobit den »Reisebegleiter« entlohnen will, gibt sich Rafaël zu erkennen und entschwindet (12). Hierauf stimmt Tobit einen Lobgesang an (13). Kurz vor seinem Tod im Alter von 112 Jahren (GNB; L: 102) ermahnt Tobit seinen Sohn, Ninive zu verlassen, da alles, was der Prophet Jona der Stadt angekündigt hat, eintreffen werde. Nachdem auch seine Mutter gestorben ist, zieht Tobias mit Frau und Kindern nach Ekbatana und hört dort von der Eroberung Ninives, bevor er selbst im

Alter von 117 Jahren (GNB; E: 127; L: 99) stirbt (14).

Die märchenhaft-novellistische Erzählung zeigt ihren Lesern am Beispiel von Tobit und Sara, wie Gott durch alle Nöte und Schwierigkeiten hindurch die Menschen, die treu an ihm festhalten, begleitet und ihre Treue zuletzt belohnt. In Tobits Weisungen, die er seinem Sohn mit auf den Weg gibt, wird diese Lehre zusammengefasst: »Vergiss niemals in deinem ganzen Leben den Herrn! Sieh zu, dass du nicht seine Gebote verletzt und vor ihm schuldig wirst. Tu dein Leben lang gute Werke und geh nicht auf krummen Wegen. Denn Menschen, die rechtschaffen leben, haben Erfolg bei allem, was sie tun.« (4,5-6 GNB).

Das Buch ist wohl um 200 v. Chr. entstanden; der Verfasser ist unbekannt. Abgesehen von einigen hebräischen und aramäischen Bruchstücken, ist das Buch nur in griechischer Sprache überliefert, und zwar in einer knapperen und einer ausführlicheren Fassung. Während die Einheitsübersetzung sich auf die knappere Fassung stützt, ist in der Gute Nachricht Bibel die längere und wahrscheinlich ursprünglichere Version wiedergegeben.

Die Grundlage der Lutherübersetzung ist schwer zu ermitteln. Allerdings weist eine Stelle deutlich auf die Vulgata hin: So hat Luther in der Beschreibung der Hochzeitsnacht aus der Vulgata den Hinweis übernommen, dass Tobias und Sara übereinkommen, drei Nächte lang zu Gott zu beten und erst »nach der dritten Nacht als Eheleute einander zu gehören« (8,4 L). Von dieser Stelle leitet sich die Bezeichnung »Tobiasnächte« her.

2. Das Buch Judit

Das Buch Judit ist das beliebteste unter den Geschichtsbüchern der Apokryphen. Es erzählt von einem Feldzug des Assyrerkönigs Nebukadnezzar gegen die Völker des Westens, die ihm bei vorausgegangenen kriegerischen Auseinandersetzungen im Osten die Heeresfolge verweigert hatten. Obgleich die Städte in der Umgebung Israels sich ihm kampflos unterwerfen, lässt er ihre Kultstätten plündern und zerstören (Kapitel 1–3). Deshalb fürchten die Israeliten, die noch nicht lange aus dem Exil zurückgekehrt sind und erst kürzlich ihren Tempel wieder geweiht haben, um ihr Heiligtum und rüsten unter Führung des Hohenpriesters Jojakim zum Widerstand. Trotz der Warnung des Ammoniterführers Achior, der darauf hinweist, dass das Volk der Israeliten unter dem besonderen Schutz seines Gottes steht, belagert Holofernes, der Oberbefehlshaber des assyrischen Heeres, die jüdische Festung Betulia. Durch Abschneiden der Wasserversorgung soll sie zur Übergabe gezwungen werden. In ihrer Verzweiflung beschließen die Einwohner Betulias, in fünf Tagen zu kapitulieren, falls ihnen Gott bis dahin nicht geholfen hat (4–7).

Da fasst die angesehene, fromme Witwe Judit einen Plan, um Stadt und Volk zu retten (8). In einem langen Gebet bittet sie Gott um Beistand und begibt sich dann reich geschmückt ins feindliche Lager. Es gelingt ihr, Holofernes für sich einzunehmen, sodass er sie am Abend des vierten

Judit kehrt nach Betulia zurück (Judit 13,11-12 GNB/E; 13,12-13 L).

Tages zu einem Trinkgelage einlädt. Als Holofernes danach betrunken einschläft, schlägt sie ihm den Kopf ab und kehrt unbehelligt nach Betulia zurück (9–13).

Das verwirrte Heer der Assyrer wird von den Israeliten in die Flucht geschlagen; der Ammoniterfürst Achior tritt zum Judentum über. Vom Hohenpriester und allem Volk hoch geehrt, stimmt Judit ein Dank- und Preislied an und bringt ihren Anteil an der Beute des Holofernes als Weihegabe dar. Judit bleibt bis an ihr Lebensende unverheiratet und stirbt, von ganz Israel betrauert, im Alter von 105 Jahren (14–16).

Die Geschichte erinnert an die Erzählung von David und Goliat. Nicht durch die Macht von Truppen hilft Gott seinem mit der militärisch überlegenen Weltmacht konfrontierten Volk, sondern durch den Einsatz einer gottesfürchtigen Frau.

Mit der im Buch geschilderten Situation stimmen die historischen Tatsachen allerdings nicht überein. So regierte der angeblich assyrische König Nebukadnezzar 604–562 v. Chr. in Babylonien; seine angebliche Residenz Ninive war bereits 612 zerstört. Allerdings gab es um 350 v. Chr. einen Feldzug von Artaxerxes III. gegen Ägypten, in dem ein General Orofernes eine Rolle spielte. Man kann daher annehmen, dass das Buch Judit auf historische Ereignisse und Personen Bezug nimmt, sie aber zu Bestandteilen einer neuen, eigenen Geschichte macht. Mit ihr will der Verfasser in den Auseinandersetzungen der Makkabäerzeit (vgl. dazu die Makkabäerbücher, S. 13–15) seine bedrängten Glaubensgenossen zum Durchhalten und zum Vertrauen auf Gottes Hilfe ermutigen bzw. den Sieg der makkabäischen Erhebung verherrlichen.

Das Buch ist wohl in der Mitte des 2. Jahrhunderts v. Chr. entstanden. Dafür spricht u. a. die Parallele zwischen Nebukadnezzars Anspruch auf göttliche Verehrung in 3,8 E/GNB; 3,11 L; 6,2 und der Haltung des syrischen Herrschers Antiochus IV. Epiphanes (175–164 v. Chr.), die auch in Daniel 11,36-37 beschrieben wird. Der Verfasser des Buches Judit, der wohl zu den gesetzestreuen Juden gehörte, ist unbekannt. Ursprünglich auf Hebräisch abgefasst, ist das Buch nur in griechischer Sprache überliefert.

Wie man aus 16,18-20 E/GNB; 16,22-24 L schließen kann, steht die Juditerzählung wahrscheinlich in Zusammenhang mit einem jährlich gefeierten Freudenfest, bei dem sie vorgetragen wurde. Dafür spricht auch, dass sie spätestens seit dem 10./11. Jahrhundert n. Chr. mit dem jüdischen Lichterfest Chanukka verbunden ist, das zur Erinnerung an die Neuweihung des Jerusalemer Tempels durch die Makkabäer gefeiert sind.

Ähnlich wie bei der Übersetzung des Buches Tobit (Tobias) stützt Luther sich auch für Judit vor allem auf die Vulgata. Da diese vom griechischen Text der Septuaginta teilweise stark abweicht, unterscheidet sich auch die Wiedergabe der Juditgeschichte in der Lutherbibel deutlich von der Einheitsübersetzung und der Gute Nachricht Bibel, die beide auf der Septuaginta basieren.

3. Zusätze (Stücke) zum Buch Ester

Das Buch Ester ist in zwei Fassungen überliefert: einer hebräischen, die als letztes Buch unter den Geschichtsbüchern des Alten Testaments eingeordnet ist, und einer erweiterten griechischen. Die griechische Fassung enthält neben kleineren Abweichungen sechs größere Abschnitte und ein Nachwort, die in der hebräischen Vorlage fehlen: einen Traum des Mordechai von der Not und Errettung seines Volkes (vor Kapitel 1 E/GNB = Stücke zu Ester/St zu Est 6,1-9 L), den Erlass zur Ausrottung der Juden (nach 3,11/13 E/GNB = St zu Est 1,1-4 L), Mordechais Gebet für sein Volk und Esters Gebet vor dem Gang zum König (nach 4,17 E/GNB = St Est 2,1-8; 3,1-12 L). An die Stelle der Einleitung zu Kapitel 5 E/GNB (= St zu Est 4,1-12 L) tritt der Bericht vom Empfang Esters beim König; in Kapitel 8 E/GNB (= St zu Est 5,1-16 L) ist der Erlass des Königs zugunsten der Juden eingefügt; in Kapitel 10 E/GNB (= St zu Est 7,1-7 L) die Deutung von Mordechais Traum,

Der Palast von Susa, einer der persischen Hauptstädte, wo die Geschichte von Ester spielt.

und schließlich berichtet eine Nachschrift vom Datum der Überbringung der griechischen Übersetzung des Esterbuchs nach Ägypten (10,31 E = St zu Est 7,8 L).
Die Gründe für diese Erweiterungen sind leicht zu erkennen. Im hebräischen Esterbuch fehlen im engeren Sinn des Wortes »religiöse« Aussagen. Dem wird durch die Einfügung von Gebeten abgeholfen. Die Wiedergabe der königlichen Erlasse erhöht die Glaubwürdigkeit des Erzählten. Dazu kommt, dass das Esterbuch gerade in Zeiten der Unterdrückung durch fremde Herrscher geeignet war, das Volk zu trösten und in ihm die Hoffnung auf erneute Errettung wach zu halten. Die Entstehungszeit dieser Zusätze liegt wahrscheinlich im 1. Jahrhundert v. Chr.
Die Lutherbibel, die die Übersetzung des hebräischen Esterbuchs im Anschluss an die Bücher Esra und Nehemia bringt, stellt die nur griechisch überlieferten »Stücke zum Buch Ester«, die in der Vulgata als eine Art Anhang zu Ester behandelt worden waren, in den Apokryphenteil. Luther merkt dazu an, dass er diese Stücke nicht innerhalb des Buches Ester habe bringen wollen. Stattdessen habe er »solche Kornblumen (weil sie im Hebräischen nicht stehen) ausgerauft und doch, das sie nicht verdürben, hier in sonderliche Gewürzgärtlein oder Beete gesetzt, weil dennoch viel Gutes und sonderlich Lobgesang darin gefunden wird«. Die Einheitsübersetzung, in der sich das Buch Ester an Judit anschließt, übernimmt die Textanordnung der griechischen Bibel, macht aber durch die Verszählung deutlich, welche Teile aus dem Hebräischen und welche aus dem Griechischen übersetzt sind. Da die griechische Fassung nicht nur Zusätze enthält, sondern auch in den ursprünglich hebräisch abgefassten Texten häufig abweichende Formulierungen gebraucht, schlägt die Gute Nachricht Bibel noch einen anderen Weg ein und bietet das Esterbuch in doppelter Übersetzung: nach dem hebräischen Text im Anschluss an Esra und Nehemia und nach dem griechischen Text im Apokryphenteil.

4. Das 1. Makkabäerbuch

Das 1. Makkabäerbuch schildert die bewegte Zeit vom Regierungsantritt des syrischen Königs Antiochus IV. Epiphanes (175 v. Chr.) bis zum Tod des jüdischen Hohenpriesters und Herrschers Simon (135 v. Chr.). Unter Antiochus IV. Epiphanes kam es im Judentum zu Auseinandersetzungen zwischen Kreisen, die am althergebrachten Glauben festhalten wollten, und Vertretern der so genannten »Hellenisierung«, die für eine Anpassung an die griechische Philosophie und Lebensweise eintraten. Antiochus unterstützte die Hellenisierung. Er ließ den Tempel von Jerusalem plündern, verbot Beschneidung, Opferkult und Sabbatheiligung und errichtete im Tempel einen Zeus-Altar (169–168 v. Chr.).
Daraufhin brach ein Aufstand aus, der unter der Führung des Priesters Mattatias stand. Nach dessen Tod (166 v. Chr.) führte sein Sohn Judas den Kampf weiter. Dieser erhielt den Beinamen Makkaba, d.h. Hammer, dem die ganze Bewegung den Namen »Makkabäeraufstand« verdankt. Als

Antiochus IV. Epiphanes regierte 175–164 v.Chr.

auch Judas 161 v.Chr. fiel, setzten seine Brüder den Kampf fort. Schon im Jahr 165 v.Chr. konnte der Tempel neu geweiht werden; 142 v.Chr. zogen die syrischen Besatzer endgültig ab, und es begann eine Epoche jüdischer Eigenstaatlichkeit, die allerdings 63 v.Chr. endete, als Palästina der römischen Provinz Syrien eingegliedert wurde.

Das 1. Makkabäerbuch steht ganz in der Tradition der großen biblischen Geschichtsschreibung. Es stellt dar, wie Gott die Geschichte lenkt – nicht durch das wunderbare Eingreifen himmlischer Mächte, sondern durch das scheinbar ganz und gar irdische Handeln der Menschen. Das Werk ist vermutlich zu Anfang des 1. Jahrhunderts v.Chr. entstanden. Obwohl es nur in griechischer Sprache überliefert ist, war es ursprünglich wohl hebräisch geschrieben. Der Verfasser ist unbekannt; wahrscheinlich war er ein gesetzestreuer Anhänger der makkabäischen Befreiungsbewegung. Luther hätte das 1. Makkabäerbuch am liebsten unter die kanonischen Schriften aufgenommen. In der Vorrede zu diesem Buch schreibt er: »Dies Buch ist auch eines derjenigen, die man nicht zur Hebräischen Bibel zählt, wiewohl es fast eine gleiche Weise hält, mit Reden und Worten, wie andere Bücher der Heiligen Schrift, und nicht unwürdig gewesen wäre, hinein zu rechnen, weil es ein sehr nötiges und nützliches Buch ist ... Derhalben es uns Christen auch nützlich ist zu lesen und zu wissen.«

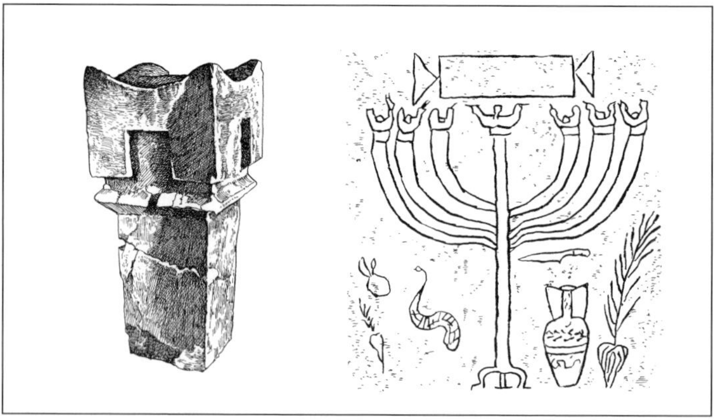

Räucheraltar und siebenarmiger Leuchter (Menora) gehörten zur Ausstattung des neu geweihten Tempels.

5. Das 2. Makkabäerbuch

Das 2. Makkabäerbuch ist nicht die Fortsetzung des ersten. Vielmehr behandelt es einen Ausschnitt aus demselben Zeitraum, der auch im 1. Makkabäerbuch dargestellt wird, und zwar die Jahre 175–161 v. Chr. In 2,23

Martyrium der Mutter und ihrer sieben Söhne (2. Makkabäer 7)

E/GNB; 2,24 L weist der (unbekannte) Verfasser darauf hin, dass es sich bei seinem Werk um einen Auszug aus der Geschichte des Makkabäeraufstands handelt, die der Geschichtsschreiber Jason aus Zyrene in fünf Bänden erstellt hat. Es ist wohl in der zweiten Hälfte des 1. Jahrhunderts v. Chr. entstanden.

Das 2. Makkabäerbuch setzt im Vergleich zum ersten einen deutlichen religiös-erzieherischen Akzent. Eine wichtige Rolle spielt die Darstellung des Martyriums herausragender Einzelpersonen: Eleasar (Kapitel 6) sowie die Mutter mit ihren sieben Söhnen (Kapitel 7). In diesem Zusammenhang wird zum ersten Mal ausführlich die Botschaft von der leiblichen Auferstehung der Toten vertreten (7,9.11.14.23.29), die im Alten Testament sonst nur in Daniel 12,2 und vielleicht in Jesaja 26,19 vorkommt. Neu in dieser präzisen Art ist auch die Rede von der Erschaffung der Welt aus dem Nichts in 7,28.

Im Gegensatz zum 1. Makkabäerbuch hat Luther das zweite nur sehr widerwillig in seinen Apokryphenteil aufgenommen. Es war ihm zu »jüdisch« und enthalte darüber hinaus »viel heidnischen Unrat«. Besonders die Vorstellung von Sühneopfern zugunsten der im Kampf Gefallenen (12,43-45 E/GNB; 12,43-46 L) erregte den Unwillen des Reformators.

II. Bücher in dichterischer Form

1. Das Buch der Weisheit

Das Buch der Weisheit gehört zusammen mit dem Buch der Sprichwörter (Sprüche), mit Ijob (Hiob), Kohelet (Prediger) und Jesus Sirach zu den jüdischen Weisheitsschriften. Es wird oft als »Weisheit Salomos« bezeichnet, und tatsächlich stellt sich der Autor in 7,7-8 als der König vor, der von Gott das Geschenk der Weisheit erhielt (vgl. 1.Könige 3,4-15). Es war jedoch im Altertum ein durchaus übliches Verfahren, ein schriftstellerisches Werk unter die Autorität eines bekannten Namens zu stellen. Der Verfasser war wohl ein gebildeter Jude aus Ägypten, vermutlich aus Alexandria. Entstanden ist das Buch wahrscheinlich zwischen 80 und 30 v.Chr.

Unter dem Eindruck, dass viele seiner Glaubensgenossen sich von ihrer ererbten Religion ab- und der griechischen Philosophie zuwandten, geht es dem Verfasser darum, eine Brücke vom einen zum anderen zu schlagen und zu zeigen, wo beides miteinander vereinbar ist und wo nicht. Dabei kommt es ihm vor allem darauf an, die politisch einflussreichen Juden dafür zu gewinnen, auf die Stimme der Glaubensweisheit ihres Volkes zu hören. So liest sich das Buch der Weisheit streckenweise wie eine Ethik für die politisch Mächtigen.

Darin liegt auch der Grund, warum Martin Luther das Buch der Weisheit hoch geschätzt und schon im Mai 1529 – noch vor Abschluss der Übersetzung des Alten Testaments – dieses Buch übersetzt und separat veröffentlicht hat. Es erschien unter der bezeichnenden Überschrift: »Die Weisheit Salomonis. An die Tyrannen. Verdeutscht durch M. Luth.«; und in der Vorrede heißt es: »Darum kommt dies Buch nicht uneben zu unserer Zeit an den Tag, dieweil jetzt auch die Tyrannen getrost ihre Oberkeit missbrauchen wider den, von dem sie solche Oberkeit haben. Und leben doch wohl so schändlich in ihrer Abgötterei und unchristlicher Heiligkeit, als hier Philo (in dem Luther den Verfasser erblickte) die Römer und Heiden in ihrer Abgötterei beschreibet, dass sichs allenthalben wohl reimet auf unsere jetzige Zeit.«

So kann er das Buch dringend zum Lesen empfehlen: »Es ist viel guts Dinges drinnen, und wohl wert, dass man's lese. Sonderlich aber sollten es lesen die großen Hansen, so wider ihre Untertanen toben und wider die Unschuldigen um Gottes Wort willen wüten.«

Neben der Mahnung an die Herrscher, die Gerechtigkeit zu lieben und die Weisheit zu suchen, ist auch die Auseinandersetzung mit dem Schicksal des Frommen, der in der Welt nur allzu oft benachteiligt ist oder gar zugrunde gerichtet wird, ein wichtiges Thema im ersten Teil des Weisheitsbuches (Kapitel 1–6). Der Verfasser erwartet hierfür einen Ausgleich in einem jenseitigen Leben, von dem er jedoch nur andeutend spricht.

Nach der Schilderung von Salomos Bund mit der Weisheit (Kapitel 7–9) geht es dem Verfasser sodann darum, das Wirken der Weisheit anhand der Geschichte Israels, vor allem der Ereignisse im Zusammenhang mit dem Auszug aus Ägypten, ausführlich darzustellen.

Salomo galt als vorbildlicher weiser Herrscher. Noch heute spricht man von „salomonischer Weisheit“ und „salomonischem Urteil“. Letzteres spielt auf eine Geschichte aus dem 1. Königsbuch an (1. Könige 3,17-28), in der Salomo den Streit zweier Frauen um ein Kind weise und gerecht entscheidet.

Das Buch der Weisheit hat für das Neue Testament besondere Bedeutung erlangt: Die urchristliche Gemeinde verstand die Beschreibung des unverdienten Leidens des Gerechten in Weisheit 2 als Weissagung des Leidensweges Jesu. So klingt etwa in den Worten der Spötter unter dem Kreuz deutlich Weisheit 2,13.16-20 an, wenn sie über den Gekreuzigten sagen: »Er hat Gott vertraut; der erlöse ihn nun, wenn er Gefallen an ihm hat; denn er hat gesagt: Ich bin Gottes Sohn.« (Matthäus 27,43) Auch Paulus knüpft an Gedanken aus dem Buch der Weisheit an, wenn er etwa in 1. Korinther 1 und 2 von der Weisheit Gottes spricht, die die angebliche Weisheit der Welt als Torheit entlarvt.

2. Das Buch Jesus Sirach

Ebenso wie das Buch der Weisheit gehört auch Jesus Sirach zur Weisheitsliteratur. Es entstand auch vor einem ähnlichen Hintergrund: in einer Zeit, als im Judentum durch die Annäherung an griechisches Denken und griechische Bildung die Überlieferungen des eigenen Volkes abgewertet wurden und in Vergessenheit zu geraten drohten. In 50,27 E/GNB; 50,29 L wird der Autor genannt – ein in Jerusalem lebender Jude namens Jesus, der Sohn Sirachs (im Griechischen wurde daraus Jesus Sirach). Das Werk ist vermutlich um 190 v. Chr. entstanden. Ungefähr 50 Jahre später wurde es vom Enkel des Verfassers ins Griechische übersetzt und durch ein Vorwort und einen Nachtrag (Kapitel 51) ergänzt.

Das Buch Jesus Sirach war lange nur in griechischer Sprache bekannt. Im Jahr 1896 und in der folgenden Zeit wurden jedoch fünf hebräische Handschriftenfragmente aus dem 11. oder 12. Jahrhundert n. Chr. entdeckt, die in einem Abstellraum für zerlesene Schriften (Genisa) der Synagoge in Alt-Kairo erhalten geblieben waren. Später kamen dann die Funde bei Qumran und in einer der Kasematten von Masada (aus der 1. Hälfte des 1. Jahrhunderts v. Chr.) hinzu, sodass seitdem mehr als zwei Drittel des hebräischen Sirachtextes bekannt sind. Die Einheitsübersetzung hat diesen hebräischen Text zugrunde gelegt und nur für die Lücken auf den griechischen Text zurückgegriffen. Dagegen hat sich die Gute Nachricht Bibel für die einheitliche Textgrundlage der griechischen Fassung entschieden, bringt jedoch die Abweichungen der hebräischen Version in den Fußnoten. Wegen dieser und anderer Unterschiede in der Textüberlieferung weichen gerade bei Jesus Sirach die Übersetzungen und Verszählungen stark voneinander ab.

Der Eingang zu einer der Fundhöhlen in Qumran

Inhaltlich und formal steht das Buch den biblischen Sprichwörtern (Sprüchen) nahe. In der für die hebräische Poesie charakteristischen Form von Parallelismen enthält es Lebensweisheiten sowie Regeln für das gesellschaftliche und politische Leben.

Im Zentrum des Buches steht die Selbstvorstellung der als Person auftretenden Weisheit (24,1-22 E/GNB; 24,1-31 L). Diese gilt dem Verfasser ebenso wie das Gesetz als Gabe Gottes an sein Volk. Deshalb sind die Liebe zur Weisheit und die Liebe zur Tora identisch (24,23-34 E/GNB; 24,32-47 L). Die Weisheit ist von Gott geschaffen, aus seinem Mund hervorgegangen (24,3 E/GNB; 24,4 L). Sie hat im Volk Israel Wurzeln geschlagen und ist zu einem herrlichen Baum herangewachsen (24,12-14,16-17 E/GNB; 24,17-19.22-24 L). Während bei Ijob der Weise ein Mensch ist, der Gott vertraut, ist er bei Jesus Sirach einer, der in den heiligen Schriften forscht. Zur Weisheit gehört daher auch die Bejahung der Geschichte Israels, weswegen das Buch in Kapitel 44–50 mit dem Lob der Väter endet. Man könnte die Absicht des Buches in dem Satz zusammenfassen: Der Weg zum irdischen Glück ist die Gottesfurcht.

Das Buch Jesus Sirach war bei uns zeitweise sehr populär. Eine Reihe von

In Sirach 24,14 E/GNB; 24,19 L wird die Weisheit mit einem Ölbaum verglichen, der hoch gewachsen und schön ist.

Worten dieses Buches ist in unseren Sprichwortschatz übergegangen, z. B. »Wer (andern) eine Grube gräbt, der fällt selbst hinein« (27,29 L; 27,26 E/GNB), oder: »Seine Worte auf der Goldwaage wägen« (28,29 L; 28,25 E/GNB). Das bekannte Lied »Nun danket alle Gott« ist eine Umdichtung von Sirach 50,24-26 L; 50,22-24 E/GNB.

Im 16./17. Jahrhundert hatte das Sirachbuch in Deutschland große Bedeutung für die sittliche Unterweisung und war eine beliebte Hilfe für den christlichen Hausvater. Der Titel eines 1567 veröffentlichten Einzeldrucks zeigt seine damalige Bedeutung: »Spiegel der Hauszucht Jesus Sirach genannt, samt einer kurzen Auslegung. Für die armen Hausväter und ihr Gesinde, wie sie ein gottselig Leben gegen manniglich sollen erzeigen. Darinnen der Welt Lauf begriffen, und wie sich ein jeglicher Christ in seinem Beruf und in der Politik ehrlich und löblich solle halten«. Darüber hinaus diente das Buch Jesus Sirach auch als Fibel für den Elementarunterricht, und zwar nicht nur im Deutschen, sondern – in griechischer und lateinischer Fassung – auch für den Unterricht in diesen beiden antiken Sprachen.

III. Prophetische Bücher

1. Das Buch Baruch

Der geschichtlichen Einleitung 1,1-14 zufolge ist das kleine Buch von dem Freund und Sekretär des Propheten Jeremia geschrieben worden, von dem im Jeremiabuch berichtet wird (Jer 36,4-32; 45,1-5). Er habe es den Deportierten in Babylonien vorgelesen, die daraufhin Geld für ein Opfer sammelten, das im Jerusalemer Tempel für den König Nebukadnezzar und seinen Sohn Belschazzar dargebracht werden sollte; denn wenn es den Mächtigen gut ginge, hätten auch die nach Babylonien Verbannten weniger zu leiden. Die Angaben enthalten jedoch so viele historische Unstimmigkeiten (so war der Tempel in Jerusalem in der Zeit des Exils zerstört und Belschazzar nicht der Sohn Nebukadnezzars), dass das Buch wesentlich später (1. Jahrhundert v. Chr.) entstanden sein muss. Der Verfasser ist unbekannt.

Das Buch beginnt mit einem Bußgebet der Verbannten. Es deutet die Deportation als Strafe dafür, dass das Volk nicht dem Willen seines Gottes gehorcht, sondern eine eigenmächtige Politik betrieben habe. Zugleich spricht es jedoch das Vertrauen aus, dass Gott das reumütige Volk aus der Gefangenschaft befreien wird (1,15–3,8). Im anschließenden Lobpreis der Weisheit (3,9–4,4) kämpft der Ver-

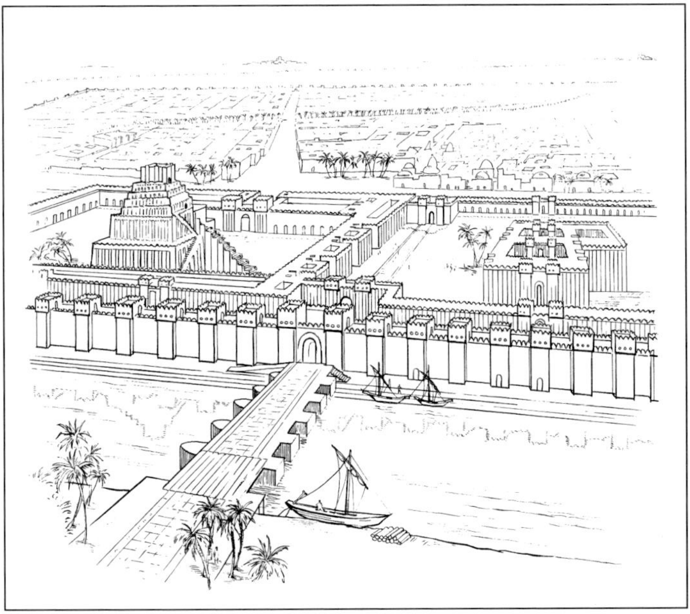

Die Stadt Babylon im späten 7. und frühen 6. Jh. v. Chr., wie sie von Nabupolassar und vor allem von seinem Sohn Nebukadnezar wieder aufgebaut wurde.

fasser dagegen an, dass Israel Weisheit bei den griechischen Philosophen sucht. Gott schenkt Weisheit, darum muss sie auch bei ihm gesucht werden; und die Weisheit ist identisch mit dem Gesetz Moses, der Tora. Im abschließenden Teil (4,5–5,9) klagt Jerusalem selbst wie eine trauernde Witwe, die ihre Kinder verloren hat, Gott sein Leid und erhält die Zusage, dass Gott sein Volk zurückbringen wird.

2. Der Brief Jeremias

In der Vulgata und im Anschluss daran auch in Lutherbibel und Einheitsübersetzung ist ein Brief Jeremias als 6. Kapitel an das Buch Baruch angehängt. In der Gute Nachricht Bibel steht dieser Brief als eigene Schrift. An die zur Deportation nach Babylonien bestimmten Gefangenen adressiert, enthält er eine spöttische Predigt gegen den Götzendienst. Dabei wird auf das Vorbild von Jeremias Brief an die Deportierten aus dem Jahr 598 v. Chr. (Jeremia 29) und die Polemik des Propheten gegen Götzenbilder (Jeremia 10,1-6) zurückgegriffen.

Die Entstehungszeit dieses Briefes ist nicht mehr auszumachen (vielleicht im 2. Jahrhundert v. Chr.). Er richtet sich an Juden, die in Gefahr standen, sich anderen Religionen anzupassen, und zwar nicht, weil ihnen Verfolgung drohte, sondern aus Gründen des gesellschaftlichen Prestiges.

Metallfigurine einer Göttin aus der Spätbronzezeit

3. Zusätze (Stücke) zum Buch Daniel

Als »schöne, geistliche Gedichte wie Judit und Tobias« bezeichnet Luther die so genannten »Stücke« (bzw. Zusätze) zum Buch Daniel. Das Buch Daniel, das in der Zeit der Verfolgung unter Antiochus IV. Epiphanes seine endgültige Gestalt gefunden hat, erfreute sich von Anfang an großer Beliebtheit. Es ruft auf zu Glaubenstreue, ermutigt und weckt Hoffnung. Wahrscheinlich ist darin der Grund zu suchen, warum das Buch bei der Übersetzung ins Griechische noch um einige Zusätze erweitert wurde:

(1) Das Gebet Asarjas und der Lobgesang der drei Männer im Feuerofen: Das Stück ist im griechischen Danielbuch an der Stelle eingeschoben, wo die drei Freunde wegen ihrer Treue zum jüdischen Gesetz von Nebukadnezzar in den Feuerofen geworfen werden (Daniel 3,23). Als Überschrift über das Ganze könnte Psalm 50,15 stehen: »Rufe mich an in der Not, so will ich dich erretten, und du sollst mich preisen.«

Das Gebet Asarjas ist ein Volksklagelied. Es beginnt mit dem Lobpreis der Größe und Gerechtigkeit Gottes, an die sich ein Sündenbekenntnis und die Schilderung der Not anschließen. Das Gebet der drei Männer ist ein Hymnus auf die Allmacht Gottes, der inhaltlich den Psalmen nahe steht.

(2) Die Susanna-Geschichte: In der Susanna-Geschichte geht es um die Rettung einer zu Unrecht angeklagten Frau durch den weisen Richter Daniel

Susanna und die zwei Ältesten
(Daniel 13 E; Zusätze zu Daniel B GNB; Stücke zu Daniel 1 L)

(der Name bedeutet »Gott ist Richter«, Luther deutet ihn als »Richter Gottes«): Zwei jüdische Älteste begehren die Ehefrau eines gewissen Jojakim, die schöne Susanna.

Sie lauern ihr beim Baden im Garten auf und versuchen, sie gefügig zu machen mit der Drohung, dass sie sie im Falle ihres Widerstandes des Ehebruchs bezichtigen werden. Susanna bleibt jedoch standhaft. Da klagen die beiden sie an, sie beim Ehebruch ertappt zu haben. Da es keine Gegenbeweise gibt, wird Susanna verurteilt. Im Gebet bittet sie Gott um Beistand, und Gott erhört ihr Gebet. Er schickt ihr Daniel zu Hilfe. Dieser weist den Ältesten ihre Lüge nach, indem er sie unabhängig voneinander nach dem Baum fragt, unter dem sie Susanna beim Ehebruch beobachtet hätten, worauf sich die beiden in Widersprüche verwickeln. So wird Susanna gerettet, die beiden Ältesten erwartet die Todesstrafe.

Die Susanna-Erzählung basiert auf vielleicht außerjüdischen Erzählmotiven, die auf Daniel zugeschnitten und dadurch geschichtlich eingeordnet wurden. Dies hängt zum einen damit zusammen, dass Daniel im Judentum zu den großen weisen Männern gerechnet wurde, zum anderen damit, dass die Verleumdung und Verfolgung Susannas in allegorischer Auslegung auf das Schicksal der jüdischen (wie später auch der christlichen) Gemeinden angewandt wurde. Die Erzählung übt nicht zuletzt scharfe Kritik an Zuständen in den jüdischen Diasporagemeinden, wo selbst die Gemeindeältesten sich nicht immer der Würde ihres Amtes gemäß verhielten. Verfasser, Entstehungsort und -zeit sind unbekannt.

Daniel in der Löwengrube (Daniel 14,23-42 E; Zusätze zu Daniel C 23-42 GNB; Stücke zu Daniel 2,22-41 L): Der Engel bringt den Propheten Habakuk mit dem Essen für Daniel.

(3) Die Erzählungen vom Götzen Bel und vom Drachen zu Babel: In beiden Erzählungen geht es um das mutige Eintreten Daniels für seinen Glauben und gegen die Götterverehrung der Babylonier. In der ersten Erzählung weigert sich Daniel, das Bild des Gottes Bel anzubeten, denn: »Ich diene nicht den Götzen, die mit Händen gemacht sind, sondern dem lebendigen Gott, der Himmel und Erde gemacht hat und ein Herr ist über alles, was lebt.« (2,4 L; 14,5 E; C,5 GNB) Als der König darauf hinweist, dass Bel schon wegen der Speiseopfer, die er jeden Tag verzehrt, ein lebendiger Gott sei, weist Daniel mithilfe einer List nach, dass die dem Bel dargebrachten Opfergaben in Wirklichkeit von den Priestern des Gottes gegessen werden: Er lässt den Fußboden des Tempels mit Asche bestreuen und kann am nächsten Morgen die Fußspuren der Belpriester darauf vorzeigen, die durch einen Geheimgang in den Raum gelangt waren. Der König lässt die Belpriester hinrichten und das Bild des Gottes zerstören, aber dann fordert er Daniel auf, den Drachen (das heilige Tier des Bel) anzubeten, dessen Lebendigkeit er nicht bestreiten könne. Daniel erbittet vom König die Erlaubnis, den Drachen ohne Schwert oder Keule töten zu dürfen. Er macht einen Fladen aus Pech, Fett und Haaren und wirft ihn dem Drachen ins Maul. Der Drache zerplatzt, und Daniel erklärt: »Seht, das sind eure Götter!« (2,26 L; 14,27 E; C,27 GNB) Als das wütende Volk daraufhin Daniels Tod fordert, lässt der König Daniel in die Grube zu den hungrigen Löwen werfen. Gott lässt seinen Engel den Propheten Habakuk aus Juda im Sturmwind zu Daniel tragen und ihm Speise bringen. Als der König am siebten Tag zur Löwengrube kommt, um die Totenklage zu halten, findet er den Verurteilten lebendig und unversehrt. Er bekennt: »Herr, du Gott Daniels, du bist ein großer Gott, und es gibt keinen anderen außer dir!« (2,40 L; 24,41 E; C,41 GNB). Er lässt Daniel befreien und an seiner Stelle die für den Vernichtungsplan Verantwortlichen den Löwen vorwerfen.

4. Das Gebet Manasses

Das aus nur 15 Versen bestehende Gebet Manasses ist zum ersten Mal in der wohl aus dem 3. Jahrhundert stammenden syrischen Didascalia Apostolorum (Die Lehre der Apostel) überliefert, stammt aber wahrscheinlich aus vorchristlicher Zeit. Es ist wohl in griechischer Sprache von einem frommen Juden verfasst worden.

Das Gebet ist nur in wenige späte Handschriften der Septuaginta aufgenommen worden. Dort ist es in einer Oden-Sammlung hinter den Psalmen platziert, während die Pariser Vulgatacodices des 13. Jahrhunderts es als Ergänzung zu 2. Chronik 33,1-20 stellten. Die dortige Erzählung über König Manasse war wohl auch der Anlass für seine Entstehung.

Gott straft Manasse, der den Kult der Fruchtbarkeitsgötter in seinem Land förderte, indem er ihn unter demütigenden Bedingungen als Gefangenen der Assyrer nach Babylon führen lässt. Dort erkennt er seine Schuld und bittet Gott um Vergebung. Sein Gebet wird erhört, er kann nach Jerusalem zurückkehren und schafft die Missbräuche wieder ab. Das

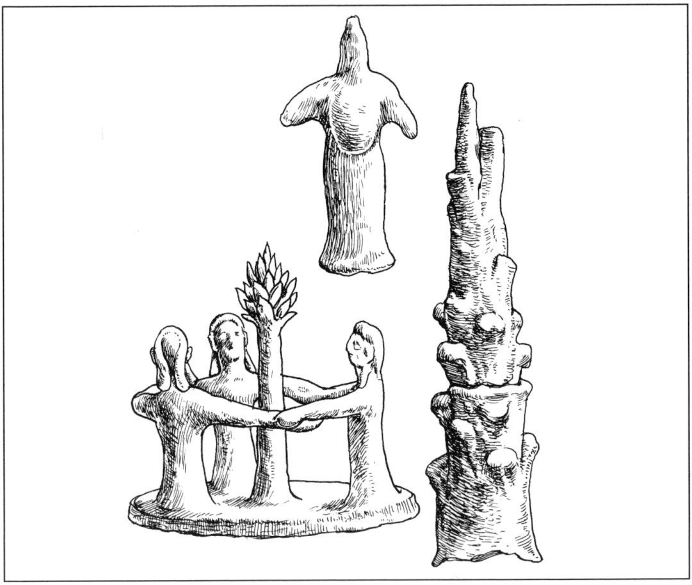

Die kanaanäische Fruchtbarkeitsgöttin Aschera wurde neben dem Götterbild auch durch einen Baum oder einen Pfahl symbolisch abgebildet. Auf Zypern gefundene Terrakotten zeigen derartige Kultpfähle und sogar eine Gruppe von Kultteilnehmern, die um einen solchen Pfahl tanzen.

Bußgebet hat jedoch Gültigkeit über die spezielle Situation Manasses hinaus.

Martin Luther, der das Gebet sehr schätzte und es auch in seinem Büchlein »Von der Beichte« (1519) abdruckte, hat es – allerdings ohne eigene Vorrede – an den Schluss des Apokryphenteils gestellt. Da es in der von ihm verwendeten Septuaginta-Ausgabe nicht enthalten war, hat er es wohl aus der Vulgata übernommen, wo es allerdings nur im Anhang steht.

C Drinnen oder draußen – die Bewertung der Apokryphen in der Alten Kirche

Im Urchristentum hat man die Apokryphen ebenso als Schriftbeleg herangezogen wie die anderen Schriften des Alten Testaments. So spielt z.B. Hebräer 1,3 auf Weisheit 7,26 an, Hebräer 11,35 auf 2. Makkabäer 6,18–7,42, und Jakobus 1,19 ist ein freies Zitat von Sirach 5,11 E/GNB; 5,13 L. Daran zeigt sich, dass diese Schriften zunächst als den anderen alttestamentlichen Büchern gleichwertig betrachtet wurden.

Mit der Kanonsentscheidung des Judentums stand jedoch auch die junge christliche Kirche vor der Frage, wie sie die so genannten »Apokryphen« bewerten wollte. Der Ausdruck »Apokryphen«, der auf die Alte Kirche zurückgeht (er findet sich zum ersten Mal bei Origenes und wurde dann durch Hieronymus verbreitet), spiegelt bereits eine Unsicherheit wider: »Apokryph« bedeutet wörtlich übersetzt »verborgen«. Dahinter steht das Verständnis, dass man die apokryphen Bücher aus inhaltlichen Gründen vom öffentlichen Gebrauch ausschließen wollte. Die Bezeichnung wurde jedoch auch so verstanden, dass man den Ursprung dieser Bücher für verborgen hielt – so die Auffassung von Augustin oder Hieronymus.

Der jedenfalls eher abwertende Sinn dieses Begriffs hat ihn zum gängigen Terminus in den protestantischen Kirchen werden lassen, die den Apokryphen reserviert gegenüberstehen. In der römisch-katholischen Kirche, für die diese Schriften fester Bestandteil des Kanons sind, heißen sie »deuterokanonisch«, von griechisch »deuteros« = zweiter (Kanon, d.h. Septuaginta-Kanon). Der Terminus wurde in der Zeit der Gegenreformation von Sixtus von Siena (1566) geprägt.

Eine gewisse Begriffsverwirrung kommt dadurch zustande, dass der Begriff »Apokryphen« auch in der katholischen Kirche verwendet wird, allerdings ist er dort Schriften vorbehalten, die im Anhang der Vulgata zusammengestellt sind. Dazu gehören neben dem Gebet Manasses das 3. und 4. Esrabuch (das 3. Esrabuch ist im Wesentlichen die griechische Übersetzung des um 2. Chronik 35, Nehemia 7–8 und einige andere Zusätze vermehrten kanonischen Esrabuchs; beim 4. Esrabuch handelt es sich um eine Apokalypse aus dem 1. Jahrhundert n. Chr.; als 1. und 2. Esra werden die kanonischen Bücher Esra und Nehemia gezählt), der 151. Psalm und der Brief an die Laodizener.

Um diese begrifflichen Schwierigkeiten und den in dem Terminus »Apokryphen« liegenden, für die katholische Seite nicht akzeptierbaren abwertenden Beiklang zu vermeiden, hat man in der interkonfessionellen Übersetzung der Gute Nachricht Bibel den neutralen Terminus »Spätschriften des Alten Testaments« eingeführt.

Zurück zur Alten Kirche: Eine kritische Haltung gegenüber den Spätschriften kommt bereits mit Melito von Sardes (gest. um 190 n. Chr.) auf, der nur die Bücher der hebräischen Heiligen Schrift als kanonisch gelten lässt. Athanasius von Alexandria (um 295–373) bezeichnet sie als eine Art »Lesebücher« für neu gewonnene

Heiliger Hieronymus
(Antonello de Messina, um 1430–1479)

Heiliger Augustinus
(Antonello de Messina, um 1430–1479)

Christen. In seinem 39. Osterfestbrief, in dem zum ersten Mal die in der christlichen Kirche als kanonisch geltenden Bücher – für das Alte Testament sind es die des hebräischen Kanons – aufgezählt werden, heißt es: »Es gibt außerhalb von diesen auch noch andere Bücher, die zwar nicht kanonisiert, aber von den Vätern dazu bestimmt sind, denen vorgelesen zu werden, die neu hinzukommen und im Wort der Frömmigkeit unterrichtet zu werden wünschen.«

Auch der Kirchenvater Hieronymus (ca. 345–420) vertritt eine kritische Haltung gegenüber den Spätschriften. Sein Urteil im »Prologus in libris Salomonis« (Vorwort zu den salomonischen Büchern) lautet: »Wie die Kirche zwar Judit, Tobit und die Bücher der Makkabäer liest, sie aber nicht aufnimmt unter die kanonischen Schriften, so will sie diese beiden Bücher (Sirach und Weisheit Salomos) wohl zur Erbauung des (Kirchen-) Volks lesen, sie dürfen aber nicht zur Stärkung der Glaubwürdigkeit kirchlicher Lehren herangezogen werden.« Im Gegensatz zu ihrer eigenen Theorie verwenden die Kirchenväter in ihren Werken die Spätschriften jedoch in derselben Weise wie die Bücher des hebräischen Kanons, und diese Praxis hat sich im Westen schließlich auch durchgesetzt. So stellt Augustin (354–430) sie mitten unter die Bücher des hebräischen Kanons.

Dementsprechend wurde auf der Synode von Rom (382) ein erster formeller Beschluss zugunsten des weiteren, d.h. die Apokryphen mit umfassenden Kanons gefällt, der dann durch die Synoden von Hippo (393) und von Karthago (397 und 419) noch einmal bestätigt wurde. Die Entscheidung wurde – im Gegenzug zur reformatorischen Kritik an den Apokryphen – 1546 auf dem Konzil von Trient noch einmal bestätigt, wobei ausdrücklich jeder Rangunterschied zwischen den Schriften des hebräischen Kanons und denen, die nur in der griechischen und lateinischen Bibel enthalten sind, zurückgewiesen wurde.

D Die Apokryphen in den Auseinandersetzungen der neueren Kirchengeschichte

I. Die Apokryphen bei Martin Luther und in der lutherischen Tradition

Luther im Alter
(Lucas Cranach d.Ä., 1472–1553)

Eine der Wurzeln für die kritische Einstellung der Reformatoren gegenüber diesen Schriften liegt im Humanismus mit seinem Grundsatz des ad fontes, d.h. »zurück zu den Quellen«, der für den Umgang mit der Bibel die Abkehr von der Vulgata und die Hinwendung zum hebräischen bzw. griechischen Urtext bedeutet. Bekannt geworden ist vor allem Luthers Bewertung der Apokryphen, die in seiner Überschrift über dem von ihm zusammengestellten Apokryphenteil (s. dazu auch Seite 3) zum Ausdruck kommt: »Das sind Bücher: so der heiligen Schrift nicht gleich gehalten und doch nützlich und gut zu lesen sind.«

Recht eigenmächtig verfuhr der Reformator auch bei der Auswahl der Schriften. So hat er etwa das 3. und 4. Esrabuch sowie das 3. und 4. Makkabäerbuch, die in der Septuaginta bzw. im Anhang der Vulgata enthalten sind, gar nicht erst in seinen Apokryphenteil aufgenommen. Ebenso wie bei seiner Neuanordnung der Briefe im Neuen Testament liegt auch hier der Grund in seiner theologischen Einschätzung dieser Schriften. So ist seiner Meinung nach im 3. und 4. Esrabuch »gar nichts drinnen, das man nicht viel besser bei Äsop oder noch geringeren Büchern finden kann«; dazu kommt, dass in ihnen »eitel Träume« stehen, die zu übersetzen sich nicht lohnt.

Am liebsten hätte er auch 2. Makkabäer und Baruch ganz gestrichen, hat diesen Schritt aber dann doch nicht vollzogen, so wie er im Übrigen auch das (kanonische) Esterbuch nicht liebt, dem er vorwirft, dass es zu sehr »judaisiere« und »viel heidnischen Unrat« habe. Andererseits hat er aber apokryphe Bücher, die er schätzte, sogar separat veröffentlicht (z. B. das Buch der Weisheit, s.o. Seite 16–17), und der Apokryphenteil war für ihn ein fester Bestandteil seiner Bibelübersetzung.

Auch in der lutherischen Tradition blieb der Apokryphenteil selbstverständlicher Bestandteil der Lutherbibel. Immer wieder wird auf seine Bedeutung hingewiesen. So heißt es etwa in dem lateinischen Kommentar zur Lutherbibel von Lukas Osiander (ins Deutsche übersetzt von David Förter) aus dem Jahr 1600: »Die

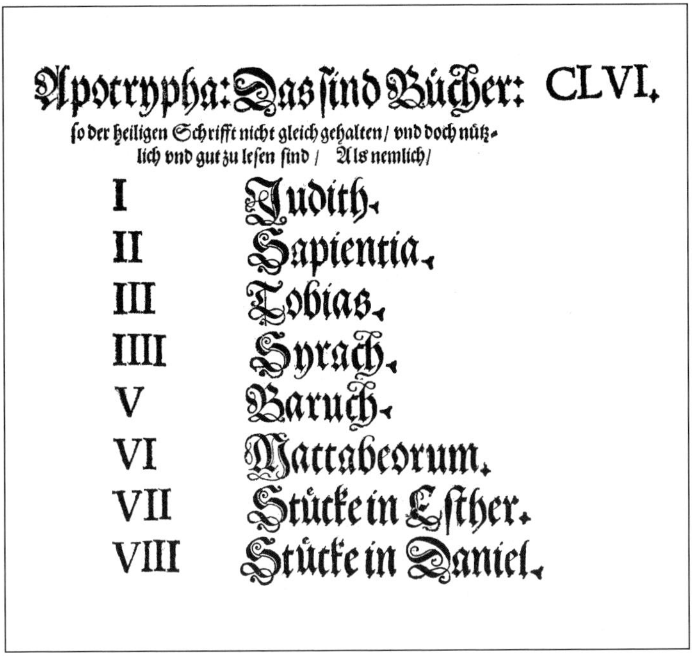

Apocrypha: Das sind Bücher: CLVI.

so der heiligen Schrifft nicht gleich gehalten / vnd doch nützlich vnd gut zu lesen sind / Als nemlich /

I	Judith.
II	Sapientia.
III	Tobias.
IIII	Syrach.
V	Baruch.
VI	Maccabeorum.
VII	Stücke in Esther.
VIII	Stücke in Daniel.

Titelblatt der Apokryphen in der Ausgabe von 1545 (Ausgabe letzter Hand von Luther)

Apokrypha«, die »zwar für sich selbsten auch nützlich zu lesen, aber zur Entscheidung der streitigen Religions-Sachen nicht genugsam« sind, können »in Ermahnung zur Gottseligkeit und zu allen christlichen Tugenden und gutem Wandel gar wohl und recht herangezogen, gelesen und gebrauchet werden«, oder in der 100 Jahre später von Joachim Morgenweg in Hamburg herausgegebenen Lutherbibel (1709): Die Apokryphen »sind aber der Heiligen Schrift Alten Testaments beigefügt und den Christen zu lesen vorgelegt worden, weil sie zur Erbauung des Volkes Gottes ihren guten Nutzen haben und gleichsam ein Spiegel der göttlichen Fürsorge und Hilfe, christlicher Weisheit, guter Hauszucht und heilsamer Sittenlehre sind«.

Dass sie ungeachtet dieses Nutzens dennoch nicht eigentlich »Heilige Schrift« sind, begründet die lutherische Dogmatik mit dem christologischen Argument, dass sich in ihnen kein Zeugnis dafür findet, dass »alle, die an ihn glauben«, »in seinem Namen Vergebung der Sünde« empfangen werden (so Abraham Calov in seinem 1681/82 erschienenen Bibelwerk).

II. Die Apokryphen in der reformierten Tradition

Die Bewertung der Apokryphen in der reformierten Tradition entspricht zunächst weitgehend der Haltung Luthers. Die erste deutschsprachige Ausgabe auf reformierter Seite erschien im Frühjahr 1529 in Zürich. Die Übersetzung stammt von Leo Jud, dessen Einschätzung dieser Schriften sowie dessen Trennung dieser Bücher von den übrigen Schriften des Alten Testaments auf Luthers Einfluss zurückgeht. (Zur Einschätzung vgl. den Schlusssatz seiner Vorrede: »Ende dieser Bücher, so der Schrift gemäß, doch nicht als biblisch oder von gleichem Wert bei den Hebräern gehalten werden.«) Die Übersetzung diente der Vervollständigung der Zürcher Bibel, in der sie 1531 im Druck erschien. Insgesamt beurteilt Jud die Schriften eher wohlwollend – »sind doch viel Dinge darin, die Biblischer Schrift, dem Glauben und der Liebe keineswegs widerstreben, ja auch etliche ihren Grund in Gottes Wort finden«.

In der Vorrede zur Zürcher Bibelausgabe äußert sich auch Zwingli ausführlich zu den Apokryphen. Wie Jud leitet er ihren untergeordneten Rang in erster Linie von ihrem Fehlen im hebräischen Kanon ab. Sein Urteil stellt Positives und Negatives zusammen: »Obgleich viel Wahres und Nützliches (das zur Frömmigkeit des Lebens und Ehrbarkeit dienet) darinnen gefunden wird«, »mischt sich in diesen Bücheren oft viel ein, das sich der lauteren Wahrheit nicht will zum Genauesten angestalten, sondern eher Fabeln gleicht.« Dem Pauluswort »Prüfet aber alles, und das Gute behaltet« (1. Thessalonicher 5,21) folgend, sollen die Frommen mit diesen Büchern wie ein »Bienchen« verfahren, »das das Beste aus allen Blumen saugt und zieht«.

Die übrigen bekannten Schweizer Bibeldrucke – von Olivétan, Castellio und die Genfer Bibel – sind dem Vorbild der Zürcher und Wittenberger Bibel gefolgt, die Apokryphen in einem gesonderten Teil zwischen den beiden Testamenten abzudrucken.

In seiner Vorrede zur Genfer Bibel von 1546 legt Calvin die Betonung darauf, dass Gewissheit in Glaubensdingen aus diesen Schriften nicht zu ziehen sei: »Es ist wahr, dass die Apokryphen nicht zu verachten sind, soweit sie gute und nützliche Lehre enthalten. Dennoch gibt es einen guten Grund, dass das, was uns durch den Heiligen Geist gegeben ist, Vorrang habe vor allem, was von Menschen gekommen ist. Deshalb lesen alle Christen, der Aussage des heiligen Hieronymus gemäß, die Apokryphen und entnehmen ihnen die Lehre ›zur Auferbauung‹ (Epheser 4,12), doch damit sie darauf aufmerksam gemacht

Der Schweizer Reformator Huldrych Zwingli

werden, dass sie dort nicht die volle Versicherung ihres Glaubens gewinnen können, ist zu bemerken, dass sie kein genügendes Zeugnis enthalten.«

Als Reaktion auf die Kanonsentscheidung des Konzils von Trient wird Calvins Stellung zu den Apokryphen kritischer: »Obgleich ich keiner bin, der die Lektüre dieser Bücher völlig verdammen will, aber Vertrauen ihnen schenken, dies ist ihnen bisher niemals zuteil geworden.« Über die Entscheidung des Konzils urteilt er: »Über die Aufnahme aller Bücher ohne Unterschied in den Kanon will ich nichts anders sagen, als dass dies abseits des Konsensus der Alten Kirche geschieht.« Der Anspruch des Konzils, den Umfang der Heiligen Schrift zu bestimmen, ist in seinen Augen der gotteslästerliche Versuch, die Offenbarung Gottes der Prüfung durch Menschen zu unterwerfen.

Diese negative Einschätzung blieb nicht ohne Folgen für die reformierte Tradition. In der kirchlichen Praxis wurden die Apokryphen nicht mehr herangezogen. Auf der Dordrechter Synode (1618/19) kam es zu einer Grundsatzdiskussion darüber, ob sie überhaupt noch in die Bibelausgaben aufgenommen werden sollten. Man einigte sich auf einen Kompromiss: Die fraglichen Schriften sollten getrennt von den kanonischen Büchern, mit einem eigenen Titelblatt und einem besonderen Vorwort in kleineren Lettern abgedruckt werden. In einem Vorwort sollte auf ihren menschlichen Ursprung und ihre Irrtümer hingewiesen werden. Stellen, auf die die Katholiken sich beriefen, sollten durch Randbemerkungen entkräftet werden.

Aber selbst dieser Kompromiss war nicht von langer Dauer. Die Gegner der Apokryphen setzten sich durch, sodass die Apokryphen in reformierten Bibelausgaben schließlich nicht mehr enthalten waren.

III. Der Apokryphenstreit

Auf große Ablehnung stießen die Apokryphen vor allem auch bei den englischen Puritanern und Presbyterianern. In England waren die Apokryphen Bestandteil der offiziellen Bibelübersetzung, der »Authorized Version« oder »King James Version«. Sie enthält neben den Apokryphen, die Luther in seine Bibelübersetzung aufgenommen hat, auch 3. und 4. Esra sowie 3. Makkabäer. Die anglikanische Kirche hatte in den für sie konstitutiven »39 Artikeln« von 1462 und 1571 festgelegt, dass diese Schriften zwar nicht als Grundlage für dogmatische Entscheidungen herangezogen werden dürfen, dass sie aber »in der Kirche gelesen werden als Beispiele für das praktische Leben und Bildung der Sitten« (»And the other Books [as Hierome saith] the Church doth read for examples of life and instruction of manners; but yet doth it not apply them to establish any doctrine«). Trotzdem wurden die Apokryphen von Seiten der Puritaner und der vor allem in Schottland vertretenen Presbyterianer als Menschenwort im Gegensatz zu Gottes Wort vehement abgelehnt.

Über die im Jahr 1804 gegründete »Britische und Ausländische Bibelgesellschaft« (British and Foreign Bible Society) hatte dies Auswirkungen auf

Das Haus der Britischen und Ausländischen Bibelgesellschaft in London im 19. Jahrhundert

ganz Europa. Mit Ausnahme der 1710 in Halle gegründeten von Cansteinschen Bibelanstalt waren nämlich alle Bibelgesellschaften, die zu Beginn des 19. Jahrhunderts auf dem Kontinent entstanden waren, Töchter der Britischen Bibelgesellschaft, von der sie finanziell großzügig unterstützt wurden. Der lutherischen (bzw. ursprünglichen reformierten) Tradition entsprechend, druckten oder verbreiteten alle diese Bibelgesellschaften Bibeln mit Apokryphen. Je stärker in der Britischen Bibelgesellschaft der Einfluss der Apokryphengegner wurde, umso mehr stieß diese Praxis auf Kritik. Vor allem die presbyterianischen Schotten unter Führung des Erweckungspredigers Robert Haldane drängten auf Änderung. Unter dem Eindruck ihrer Drohung, die Britische Bibelgesellschaft zu verlassen und eine eigene zu gründen (was später dann auch geschah), wurde anlässlich des 22. Jahresfestes der Britischen Bibelgesellschaft am 3. Mai 1826 der Beschluss verabschiedet, nur noch solche Bibelgesellschaften finanziell zu unterstützen, die Bibeln ohne Apokryphen verbreiteten. Mit Widerstand rechnete man nicht, denn das käme, so dachte

Das Haus der 1710 gegründeten von Cansteinschen Bibelanstalt in Halle

man, der Auffassung gleich: »Wir lehnen das Wort Gottes ab, weil es nicht mit Menschenworten verbunden ist« (»We will not have the Word of God, because it has not the word of men annexed to it«).

Die Rechnung ging jedoch nicht auf. Fast einmütig entschieden sich die kontinentalen Bibelgesellschaften nicht nur in den deutschen Staaten, sondern auch in der Schweiz, in Frankreich, den Niederlanden, Schweden, Dänemark und Polen, lieber auf finanzielle Unterstützung aus London zu verzichten als auf die Apokryphen. In ihrem Schreiben nach London wies die größte der damaligen deutschen Bibelgesellschaften, die Preußische Hauptbibelgesellschaft, darauf hin, dass »die Erfahrung der Jahrhunderte seit der Reformation gelehrt« habe, »dass jenes Urteil Luthers von dem relativen Werte dieser Bücher nicht irrig gewesen ist, indem die Aufnahme derselben ... nicht allein keinen Schaden stiftete, sondern auch mancher Segen dadurch herbeigeführt wurde. Namentlich hat sich das Buch Jesus Sirach ... die besondere Liebe des Volkes und vieler gebildeter Glieder der Kirche gewonnen«.

Um ihren Einfluss nicht ganz zu verlieren, ging die Britische Bibelgesellschaft dazu über, in Deutschland Agenturen einzurichten, über die – wer wollte – Bibeln ohne Apokryphen beziehen konnte. Diese Agenturen existierten in Deutschland bis zum Beginn des Zweiten Weltkriegs, als ihr Vermögen von den Machthabern des Dritten Reichs als »Feindvermögen« beschlagnahmt wurde. Durch den Einsatz von Kolporteuren, die von Haus zu Haus zogen und Bibeln verkauften, gewannen sie nach und nach immer mehr Kunden, teilweise mit dem Ergebnis, dass die Bibelgesellschaften in den Bereichen, wo die Agenturen tätig waren, große Einbußen erlitten und ihre Arbeit zum Teil ganz einstellen mussten.

Um einer solchen Schwächung vorzubeugen, beschloss die Württembergische Bibelanstalt in Stuttgart im Jahr 1864 zunächst, die apokryphenlosen Bibeln der Agentur in ihr Programm aufzunehmen; 1888 änderte sie diesen Beschluss dahingehend, dass sie nun selbst auch Bibeln ohne Apokryphen herstellte. Andere Bibelgesellschaften folgten diesem Beispiel. Es waren keine theologischen Gründe, die hinter dieser Entscheidung standen. Bibeln ohne Apokryphen waren ganz einfach handlicher und billiger als die mit Apokryphen. Das Angebot von Bibeln mit und ohne Apokryphen wurde als Fortschritt gegenüber der einseitigen Auffassung der Britischen Bibelgesellschaft betrachtet, die es z. B. verhinderte, dass bei der Krönung Edwards VII. am 9. August 1902 die British and Foreign Bible Society die Krönungsbibel überreichte, weil sie sich weigerte, die für diesen offiziellen Akt vorgesehene vollständige King James Version zu übergeben.

Während jedoch bis zum Zweiten Weltkrieg in Deutschland Lutherbibeln ohne Apokryphen eher weniger verbreitet wurden als solche mit Apokryphen, änderte sich seither die Situation. Dies hängt zunächst damit zusammen, dass nach dem Krieg das für den Bibeldruck nötige Papier in den Westzonen aus Amerika bezogen wurde, was mit der Auflage verbunden war, nur Bibeln ohne Apokryphen herzustellen. Dies entsprach nicht nur der britischen Einstellung, die die Amerikanische Bibelgesellschaft teilte, sondern legte sich auch aufgrund der beschränkten Mittel nahe, da die Bibeln ohne Apokryphen mit weniger Papier auskamen.

Auszug aus der Peterskirche während des Zweiten Vatikanischen Konzils

Als die Notzeit vorüber war, sorgte die Revision der Lutherbibel dafür, dass es weiter bei einem Vorrang von Bibeln ohne Apokryphen blieb. Im Jahr 1956 erschien das revidierte Neue Testament, 1964 das Alte Testament, aber erst sechs Jahre später folgten die revidierten Apokryphen. Um nicht den altertümlichen Text der Apokryphen zusammen mit den revidierten Texten in einem Band erscheinen zu lassen, wurden in der Zwischenzeit vorwiegend Bibeln ohne Apokryphen gedruckt.

In den letzten Jahren ist es durch die weltweite Zusammenarbeit bei Bibelübersetzungen zu einer neuen Offenheit in Sachen Apokryphen gekommen. Nachdem das II. Vatikanische Konzil 1965 die Möglichkeit von gemeinsamen Übersetzungen der katholischen und protestantischen Seite eröffnet hatte, wurden 1968 »Leitsätze für die interkonfessionelle Zusammenarbeit bei der Bibelübersetzung« verabschiedet (s. auch Seite 6). Im Jahr 1989 sind sie aufgrund der bisherigen Erfahrungen revidiert und als »Richtlinien« neu veröffentlicht worden. Für die Spätschriften des Alten Testaments einigte man sich darauf, sie bei interkonfessionellen Übersetzungen als besonderen Teil »vor dem Neuen Testament« einzubinden. Diese Formulierung erlaubt es der katholischen Seite, sie als Bestandteil des Alten Testaments zu verstehen. Diese Einigung bedeutet einen wichtigen Schritt auf dem Weg zu einem besseren gegenseitigen Verständnis nicht nur der katholischen und protestantischen Kirche, sondern auch zwischen den ehemals recht unterschiedlichen Positionen innerhalb der Kirchen der Reformation.

Dennoch sind die Apokryphen für viele Menschen heute unbekanntes Land geworden. Dass es lohnt, sie wieder zu entdecken, zeigt eine Anekdote aus dem England des 17. Jahrhunderts. Ein prominenter Gegner der Apokryphen war damals der Baptist John Bunyan, der durch sein heute noch viel gelesenes Erbauungsbuch »The Pilgrim's Progress« (2 Teile 1678 und 1684, deutsch 1685 unter dem Titel »Eines Christen Reise (bzw. Pilgerreise) nach der Seligen Ewigkeit ...«) berühmt geworden ist. In seiner geistlichen Autobiographie erzählt er, dass es ihm einmal aus einer tiefen Depression half, als er an das Wort dachte: »Wer ist jemals zuschanden geworden, der auf den Herrn gehofft hat?« Wieder genesen wollte er den Text in seiner Bibel nachlesen, konnte ihn zunächst jedoch nicht finden. Geradezu schockiert musste er schließlich feststellen, dass es sich um ein Zitat aus dem apokryphen Buch Jesus Sirach (2,11 L; 2,10 E/GNB) handelte. Dennoch konstatierte er: »Für mich war es Gottes Wort.«

Inhaltsverzeichnis

Bildnachweis

S. 3, 8, 12, 14, 19, 20, 21, 25 Grafiken und Zeichnungen
© Deutsche Bibelgesellschaft
S. 4, 18 Fotos Ruprecht Veigel © Deutsche Bibelgesellschaft
S. 9, 11, 15, 17, 22, 23 Bilder aus: Julius Schnorr von Carolsfeld:
Das Buch der Bücher in Bildern, Leipzig 1908
S. 27 Bilder aus: 10.000 Meisterwerke der Malerei, Berlin:
The Yorck Project, 2001
S. 29 Titelblatt entnommen aus Biblia Germanica 1545, faksimilierte Ausgabe,
Deutsche Bibelgesellschaft 1983
S. 30 UB Tübingen
S. 34 © KNA-Bild